Danke

FÜR MICH ZU COACHEN

Petal Publishing Co

Kein Teil dieses Buches darf ohne vorherige Genehmigung des Autors oder Herausgebers in gedruckter oder elektronischer Form gescannt, reproduziert oder verbreitet werden.

Copyright 2020 - Petal Publishing Co.

NAME DES TRAINERS

_____
_____

NAME DES ATHLETEN
_____
_____

SPORT
_____

JAHR
_____
_____
_____
_____
_____

TRAININGSTAGE

_____

_____

TRAININGSZEITEN

_____

_____

TRAININGSORT

_____

_____

TRAININGSZIELE

_____

_____

_____

_____

_____

_____

DU HAST MICH DAZU ERMUTIGT ...

_____

_____

_____

_____

_____

_____

_____

_____

_____

_____

Inspiration

"Ein guter Trainer kann ein Spiel verändern.
Ein großartiger Trainer kann ein Leben verändern. "
John Wooden

DIE ORTE AUF UNSERER REISE ...

LUSTIGSTER MOMENT ...

UNSERE ZIELE ...

_____

_____

_____

_____

_____

_____

_____

_____

_____

_____

_____

_____

UNSERE ERGEBNISSE ...

LIEBLINGSERINNERUNG ...

FOTOS

TRAUM

"Gib niemals auf, was du bist
wirklich wollen. Die Person
mit großen Träumen ist mehr
mächtiger als einer mit allen Fakten"
Albert Einstein

DU HAST MICH INSPIRIERT ZU ...

UNSERE SIEGE …

ICH HABE DIESE FÄHIGKEITEN VON DIR GELERNT …

_____

_____

_____

_____

_____

_____

_____

_____

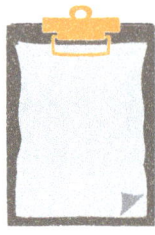

COACH, DEIN FEEDBACK HAT MEINE LEISTUNG VERÄNDERT, WEIL …

_____

_____

_____

_____

_____

_____

_____

_____

_____

_____

ICH FREUE MICH AUF DAS TRAINING, WEIL ...

_____

_____

_____

_____

_____

_____

_____

_____

_____

_____

ICH HABE DIESE FÄHIGKEITEN VON DIR GELERNT …

_____

_____

_____

_____

_____

_____

_____

_____

_____

_____

ICH WÜRDE JEMANDEM SAGEN, DER NÄCHSTES JAHR VON IHNEN TRAINIERT WIRD …

_____

_____

_____

_____

_____

_____

_____

_____

DANKBAR

ICH SCHÄTZE DIE ART, WIE DU …

_____
_____
_____
_____
_____
_____
_____
_____
_____
_____

MEINE TRAINER'S
Andenken

Coaching Erinnerungen

AUTOGRAMME

AUTOGRAMME